가을 여백

가을 여백

지은이 · 천강래
펴낸이 · 유재영, 유정융
펴낸곳 · 주식회사 동학사

1판 1쇄 · 2023년 11월 10일
출판등록 · 1987년 11월 27일 제10-149

주소 · 04083 서울 마포구 토정로53 (합정동)
전화 · 324-6130, 324-6131 | 팩스 · 324-6135
E-메일 | dhsbook@hanmail.net
홈페이지 | www.donghaksa.co.kr
www.green-home.co.kr

ISBN 978-89-7190-865-5 03810

천강래 시조집

가을 여백

Sijo Poems by Cheon Kang Rae

동학사

■ 시인의 말

트인 하늘 쳐다보고 가을 맛을 담아 볼까
알알이 귀하게 익어가는 저 가을빛
내 맘과 네 마음 깊이
빨강 물 들였으면 한다

배고픔 달래주는
파글파글 고구마의 맛
찰지고 알싸한 맛좋은 고추장 붉은빛
발효된 그 맛 그 빛에 푹 빠져든 이 가을마당

2023년 가을 어느 날
천강래

가을 여백

천강래 시조집

■ 시인의 말 5
■ 작품 해설 107

01

풀내 꽃내 • 11
작은 경쇠 굴린 소리 • 12
저금통장 • 13
상전벽해桑田碧海 • 14
얼짱이 따로 있나 • 16
변절기의 허밍 • 17
세월의 냄새 • 18
햇살 무늬 • 19
오동도, 오동도 • 20
들었다 논, 수화기 • 21
거기엔 • 22
어느 귀농인의 첫날 • 24
능선길 • 25
젖은 산협 • 26

02

달맞이꽃 • 29
2월 그날에 • 30
나팔꽃 더듬이 • 31
심금의 소리 • 32
기념비紀念碑 • 33
별빛 시린 밤 • 34
공간·3 • 35
웃는 돌섬 • 36
초겨울 3경 • 37
봄빛 • 38
가을 여백 • 39
단음, 다섯 마당 • 40
다복솔 • 42
월복越伏 • 43

03

섬으로의 여행 • 47
마사다 요새 • 48
저물녘 • 50
무인도 서정 • 51
그 눈빛 • 52
도심속의 호수 • 53
눈 덮인 까치밥 • 54
잠든 메아리 • 55
갈감나무 대목臺木 • 56
소결음 • 57
욕망의 허상 • 58
길고양이 • 60
너구리 한 가족 • 61
친구야 • 62

04

그 맛 • 67
메꽃 & 나팔꽃 • 68
타지마할 • 70
탕자의 눈물 • 71
잠 깨는 여진 • 72
비에 젖어 비껴가는 꽃말 • 73
한 모금 추기려다 • 74
삼화음 깃발 • 75
참 샘물 • 76
그거참 • 77
신호등 • 78
골goal • 79
개 짖는 소리 • 80
낚시걸이 • 81

05

부스러기 • 85
푹 삭은 4계절 여백 • 86
여인의 조각상 • 87
가을밤의 색소폰 • 88
뜨거운 열기 • 90
초연初演 • 91
안남댁 • 92
맛집의 철학 • 94
관계의 쉼표 • 98
파란 점 하나 • 99
침묵의 선 • 100
상처 • 101
야바위 • 102
휘어진 셈법 • 103

01

생솔가지

풀내 꽃내

돌 자갈
띠밭 떼기
버려둔 자드락 땅

꽃바람
솔솔 불어
민들레 갓털 나부낀다

세상사
비껴 앉으면
숨은 별을 볼 수 있다

작은 경쇠 굴린 소리

엄마 ~
어무니 ~

파고드는 소리의 맛

으~응!

빈 독에 담고 싶은
작은 경쇠 굴리는 소리

잘 구은
옹기 입술에
햇귀처럼 환하다.

저금통장

형광펜 그은 밑줄 엉뚱한 글귀 뭉개고
살어름 골목 음지
살아 숨 쉬는 동네
작업실 늙은 의자에 깃든 햇살 설핏하다

작업복 벽에 기대 잠을 청하는 시간
현관 앞 만삭의 아내
음전이 짓는 미소
내일은 저금통장이 배부른 날이란다

볕뉘가 잠깐 찾는 반지하 방안 온기
와 닿은 한마디에 다 잊고 환해진 낯빛
씨 맺힌 꽃잎 떨어지듯
불편은 늘 뒷전이다

상전벽해桑田碧海

물안개 나울거린 바다에 그린 삽화
마당 한쪽 뜬금없는 노적봉이 쌓이고
휘젓는 로봇 춤사위 얼씨구나 절씨구
꽃이 피나 했는데
낙엽이 휘날리고
잘 먹었다 돌아서자
참이 그리운 한낮

죽은 몸
형체를 갖춘
영혼이 부활한다.

깊이는 기울고 높이는 휘어지고
등 굽은 노인보고 유모차 탄 개가 웃는
사랑은 뜨거워져도
혀가 굳고 피가 마른
세워놓자 사라지는 상상과 현실 사이
로봇이 기사를 쓰고 아이디어를 내민다

사람 앞
로봇이 하는 말
누가 누구의 주인인가.

얼짱이 따로 있나

손가락
치켜들고
눈알이 튀어나온

소박한
돌하르방
웃음꽃 정겨운데

얼짱이
따로 있든가
그 낯빛이 얼짱이지

변절기의 허밍

개나리 잔잎 만지는 소녀가 웃는다

한 번도 듣지 못한
선부른 경쾌한 허밍

잔물결 이는 앞바다에 부표처럼 떠 있다

거꾸로 치켜들고 붉은 살 핥아대는
역설로 엮어져서 현실과 멀어질 때
어제의 더부살이에 무지개가 보인다

긴 그림자 밟고선 소년은 눈 크게 뜨고

물목에 그물치고
변곡점 찾아 나섰다가

거세진 난바다를 향한 뱃고동의 손짓이다

세월의 냄새

손때가
발효되어
보람이 가득 쌓인

신산한
색바랜 생애
보따리 매듭
매듭

어머니
삶의 체취가
짙게 풍긴
세월의
냄새

햇살 무늬

작은 섬 노을 안고 물새 떼 환을 친다.
해저에 불을 밝힌 환생의 춤사위 틈
바닷속 좋아 그리던 친구가 거기 있다

누가 저 하늘 아래 수평선 헤집다가
너와 나 닿지 못할 궤적을 돌고 돌아
손끝이 잡히지 않는 오는 날을 모른다

굼뜨든 뭉게구름 파랑에 내려앉아
비울 것 다 비우고 간물에 몸을 푼다
너울 속 불쑥 내민 손 햇살 무늬 한 가닥

오동도, 오동도

벌새가 붓질하는
메숲진 동백꽃잎
홍포에 황금왕관 하늘빛 담아낸 날
안기어 아양 부리려
한걸음에 닿았다.

갯바위 파인 자국 한반도 연혁인가
신이대 푸른 정절 저기 오동꽃 피리 소리
앞바다 파란 물빛에 자화상을 새긴다.

묻어난 발씨마다 볼 붉힌 서린 열기
들고난 밤바다 선박들은 오페라 발레리나
허물 다 벗어 던지고 녹슨 영혼 다듬는다.

순정의 붉은 동백
마냥 좋은 그 동산에
숨 고른 밝은 미소 가슴 열고 훔쳐보다
어느 결 빠져든 순간
툭 떨어진 동백꽃

들었다 논, 수화기

해거름
재촉하는
가랑눈 내리는 날

깃털을 파고드는
손돌추위
그 한나절

최고장
받아든 세입자
들었다 논 수화기

거기엔

– 이태원 골목

거기 거 그래 거기 별건이 없었다
보고 또 듣고 보고 새겨야 할 색다른 것
검기운 허무공멸이
번을 서고 있었다

부르는 손짓이나
신호음이 있었던가
한번 쯤 찾고 싶어 덩달아 스친 골목
뭇별이 달빛을 쪼고 층적운이 가린 하늘

가진 것 많은데 굶주림이 모자라서
내 지닌 보석 잊고 허상에 덮씌워서
휩싸여 위로받고자
밟히도록 붐비었나?

민물에 노는 고기
공중 나는 새를 보라

---

* 2022.10.29. 이태원 참사

바람에 흔들리는 수양버들 만져보며
햇살의 초록 외침을 새겨보자 속 깊이

어느 귀농인의 첫날

조각달 내려앉은 조용한 산골마을
별빛 따라 찾아 날다 사라진 유설인데
강 하구
삼각주 벌에 이야기는 흐른다.

눈꽃 핀 나뭇가지 부엉이 맺힌 울음
찬 이슬 움켜쥐고 세사에 휘둘리다
깊은 물 파도를 타고
삼릉경을 굽어본다.

박힌 삶 털어낼 듯 덩달아 뜀박질하다
그리던 띠그래프 도심 거리 팽개치고
다시 선
산마루터기 달아오른 가슴 편다

빛바랜 흑백사진 밟히는 마을 전경
깨복쟁이 천국이던 그때 그 골목들
새 아침 솟아오른 햇살
환이 웃어 보인다

능선길

가파른 오름에서
뒤가 켕겨 돌아보자
이생의 낙원이라 잡초들 떼창이다
골바람 훑고 휘잡다가 금세 또 사라진다

숨이 찬 능선부에 속삭이는 생솔가지
어설픈 세상 푸념 여기다 걸어두고
가풀막 심호흡하고 구름처럼 오르라네.

저만치 보이던 산
마루턱 끌어안자
온몸을 떠맡기는 어머니 품속 같은
얼룩진 삶의 한 자락 솔 향기가 배인다.

젖은 산협

땡볕에
부처손이
수굿이 잠 청하듯

마른 땅 에움길에
산그늘 접어들자

울창한
박명의 산협
비이슬에 젖는다.

02

언덕배기

달맞이꽃

노란 꽃술 여윈 꽃내
달빛에 푹 빠질 것이

전조등에 움죽 놀라
애운 쾌감 짓무르고

헛소문
떠도는 바람결에
마음 달떠 지새는가?

2월 그날에

날비가 내리는 날
잔설 뚫는 꽃을 보고

된바람 돌아서자
바위가 웃는다

허 이런
난층운 떠밀고
햇살이 안긴다

마른 잎 매단 나무
는개 속에 찌부린데

누구는 혼자 좋아
매무새 가다듬고

무담시
애태우는데
누군가는 웃고 있다

나팔꽃 더듬이

거리를 겨냥하다 그리는 동심원은
한 치 앞 가늠 못 할 그 답이 무어든가
가는 길 푯대는 어디 말이 없다, 누구도

방언은 무성한데 들리는 소리 없고
길 잃은 무딘 시간 하늘 무게 잴 수 있나
나 여기 서성이는데 왜바람이 극성이다

허기진 이 한나절 마른 눈에 이슬 머금듯
오로지 한 뼘 소망 부딪고 잡아야지
밤 아닌 밤거리 같은 오솔길 더듬는다

심금의 소리

계절의 문턱에서
밀려든 허기 달래는데

현이 울리는 마디마디
숨겨두고 싶은 그대 음성

투박한
머그잔 속에
슴벅이는 네 눈빛

기념비紀念碑

그 누가 찾아올까
아득히 사무치는

흐린 날 하늘가에
먼 기억 죽비소리

비석 위 산새 한 마리
가는 세월 쪼고 있다.

별빛 시린 밤

한살이 끝자락 가랑잎 떠는 소리
애끓은 어둠 속에 헤집고 훔쳐보는

네 체취 가눌 수 없어
별빛이 더 시린 밤

갈바람 가로지른 눈설레 강 언저리
피멍든 산그늘의 혼란스런 뒷모습에

걷던 길 빛바랜 흔적
묵주기도 하는 밤

구름 속 머무는 달 울먹일 일 있었나
미움도 그리움도 뿌옇게 시들 무렵

저 창밖 밝은 별 하나
잠들 혼을 깨운다

공간·3

자전의 난간이나 복판에 서 있거나
공전의 선상에서 흔들리지 않은 것은
폭풍우
가슴에 품는
피난처가 있어서다.

버팀목 하나 없는 허리 꺾인 계단 밟고
고요 속 벼랑길의 창검에 휘둘려도
내 자유
언제나 누릴
요새가 있어서다.

넘어지는 담과 흔들리는 울타리*
지킬 것 사라질 것 뒤엉켜 공존해도
내 영혼
구원의 손 내밀
반석이 있어서다,

---

* 시편 62:3

웃는 돌섬

한 가닥 햇살 무늬 수평선 헤집고
노을 깔고 어둠 삭힐 갈매기 떼 법석인데

보란 듯
온몸 다 벗고
바보처럼 웃는다.

파도는 대책 없이 소리쳐 되질하고
전율로 다가오는 전강풍 불어 닥친 날

풋기운
파장을 딛고
장군처럼 웃는다

초겨울 3경

1. 갈꽃

못 버린 털벙거지 민머리 시린 바람
맴도는 가슴 한쪽
칼날 같은 푸른 정기
새벽닭 울음소리가 겨울비에 젖는다.

2. 빈들

봄 꿩 읊은 소리에 흙먼지 나부끼며
잠 못 자고 일궈내
채워서 또 비우고
철 따라 모진 풍상에 다시 챙길 꿈을 꾼다.

3. 외기러기

애석함 속절없이 노을 밟고 어디 가나
헛헛함 다독거려
염원을 불사르나
몸에 밴 한 생의 길목 흔들리는 고요다.

봄빛

해무늬
언덕배기
아지랑이 스멀스멀

신산의 바람 스친
삶의 골 골을 따라

짜짜이
눈 익은 들머리
우체부가 달려온다.

가을 여백

가슴에 불 지피는 아내의 선한 눈빛
능선 밟는 바람처럼 들뜬 맘 어찌하나

어딘지 모른다는 거기, 찾고 싶은 추억의 길

호수에 잠겨 드는 그대의 치맛자락
불꽃이 타오르다 옷 벗을 가을 풍경

한 시절 빠르게 스쳐 가는 여백을 추스른다

단음, 다섯 마당
– 퓨전 문화

극劇

팔놀림 처지는 듯 힘 실어 치켜세운
품바의 빨간 해학 침묵의 황포가신
어둔 밤 고달픈 여정
불 지피는 한 마당

음音

꽹과리 트럼펫에 콘서트가 살이 찌고
재즈와 장고 가락 포옹하는 조명 아래
듣고 또 들어봐도
가슴 들떠 설렌다.

색色

짓이긴 색채 분할 눈길 그리 홀리고
따뜻하게 다가와 펼쳐진 그림 한 폭
한지에 데칼코마니
차분하게 안긴다.

맛味

뚝배기에 스파게티 장국 담은 크리스털
버무린 당초무늬 피지 못할 꽃이 없다
입 다신 마술의 묘기
새콤달콤 빠져든다

멋美

흑장미 향기에다 공작새 깃털 꽂힌
오로라 춤사위같이 흔들거린 거리풍경
어린 빛 꽃망울 방긋
그 모습 늘 그리 좋다.

다복솔

동상을
에둘러 싼
다복솔 여섯 그루

달빛과 대질하며
가족사진 찍는다

너답게
앉은자리가
네 한 살이 꽃자리

월복越伏

탐스러운 수국 꽃술
무더위 부시는 날

부채가 군무 하는
마을 앞 팽나무 아래

주름진
생명의 에너지
수박 맛에 펴진다.

03

젖은 물별

섬으로의 여행

휴식의 다른 이름 하늘빛 서린 바다
저녁놀 달아오른 안식眼識의 안식처安息處다

혼자서
숨 쉬는 공간
내가 다른 나를 본다

조나단 꿈이 서린 갯벌 위 페스티벌
한낮의 별미 같은 목쉬도록 부른 노래

이 여름
가기 전 번뇌다
탈 탈 털어버리고

수평선 시리도록 가볍게 날을 듯이
가슴속 한복판에 안기는 쪽빛 바다
아침놀
사랑의 눈빛
파랑으로 물들인다

마사다 요새

광야의 땡볕 아래 묵언의 마사다 요새
짓밟힌 수성세월守城歲月 아득히 안기는 날
즈믄해 낯빛 새겨져
숨 쉬고 있는 성城

잊으랴 잊을 손가 결연히 타오른 불길
돌비알 그 산머리 산소리 후끈 달아오른
그때 그 휑한 하늘마저
잠시 숨을 멈췄다

횃불 태운 비린 생피 파릇하게 피어나는
회자한 열린 설화 가슴에 품어 안겨
받아든 환상의 음표
뭉클하게 치받친다

굽이친 물결 위로 또렷한 역사 한 켠
민족의 얼 생동하는 피맺힌 후츠파정신*

* 삶을 대하는 창조와 혁신의 담대하고 용감한 태도와 확고한 자세

흐놀다 되새겨보는
발걸음이 뜨겁다.

저물녘

회색 숲 저녁 거리 음표들로 출렁이고
마두금 햇살 안고 초원을 달리는데

때늦게 허우적이며
설 자리 찾아 머뭇댄다

별빛이 구름에 가려 고요가 깃들이고
꽃 속의 여린 열매 단꿈에 잠겨 들어
한 생애 허허벌판에 제모습을 엿본다

색바람 스며드는 그리움 풍선처럼
포근하게 꼭 껴안아 금 간 맘 봉합하고

이제 다 털고 앉아서
사랑의 움 틔운다.

무인도 서정

1

귀 눈 뜨고 또 듣고 울다가 웃어 보인
앞섶에서 난바다로 출렁이는 천둥번개
할 말은 입에 가두고 섬기며 지켜왔다

모래톱 언저리에 낼 앉는 젖은 뭍별
절벽에 대끼다 속울음 깊어만 가도
발목은 늘 잠겨있어 어쩌지를 못했다

2

큰 산이 울 때는 세상이 흔들린다
괴물이 진을 치고 폭풍이 몰아쳐도
물 능선 타고 넘나드는 햇살만은 반긴다

부딪고 휘둘리며 허기를 달래는 삶
공포와 맞닥뜨린 등대는 말이 없다
깨우라 새벽을 깨우는 종소리가 울린다

그 눈빛

귓바퀴 간질이는
실바람에 감기어서

철새가 날아드는
낯선 곳 찾아가다

동백꽃
봉오리 터진 날

우리 둘의
첫 만남

도심속의 호수

회색 숲 거친 벌의 모호한 풍경 속에
뒤얽혀 얼룩진 속내 시원스레 펼쳐 놓고
일상의 찌든 가슴을
물무늬로 씻는다

뇌리에 이명처럼 머무른 세상 잡음
들어도 못들은 양 튀는 흙물 헹궈내고
머릿속 흐트러져있는
조각들 다 사른다

먹구름 끌어안고 걷는 발길 무거울 때
가끔은 싱그러운 이슬 먹은 풀잎처럼
호수 길 물빛 한 아름
앙가슴에 품는다

눈 덮인 까치밥

비켜 앉은 마른 줄기 허공에 매달려서

눈물 없이 붉게 삭아 먹음직도 하는데

세상맛 달콤하다며 그리들 무심한가

잔가지 현을 켜는 막새바람 손짓에도

허리 휜 대나무는 말문이 닫혀있다

한 살이 이러나저러나 제야는 깊어간다

잠든 메아리

부르고 불러봐도
멀어진 발길인가

앞산 뒷산 송림 사이
주고받은 메아리

품앗이, 품앗이하다
훌쩍 떠난 네 흔적

갈감나무 대목臺木

숨 가쁜
세상살이
너 그리 닮고 싶어

두 팔을 내쳐버려
겁 없이 받아들인

한순간
울컥 젖어 드는
내 대답은 '좋아요'

소걸음

뙤약볕 쟁글쟁글

깔끄막 길 오른다.

꿋꿋한 삶의 푯대

욕심 비우자 갈등 다 사라지고

쟁깃날

자갈밭 깨워

흙 가슴에 꽃피운다.

욕망의 허상

1
뭐 하나 낚으려고 밤새워 줄을 선다
나만이 지녔다는 졸부의 그 보따리
가져서 들뜬 가슴에 품은 것은 가시다

몇 걸음 못 나가서 진흙에 묻혀버릴
가짜와 진짜 사이
깊어지는 적막강산
별똥별 쏟아지는 밤 누릴수록 쑤신다

2
싸들고 틈새 찾아 옆문 뒷문 두들기다
어느 날 당상관도 디딤돌은 허방다리
한 시대 선망의 인물 판결문을 듣는다

변하고 늘 변하는 거푸집 세상살이
안기든 보화 권세
기름 때 얼룩무늬
품어서 붉게 물든 속내 부푼 꿈은 달무리다

3

이분법 넋두리춤 그물코에 달아놓고

마음의 창 열어젖혀 하늘빛 바라보자

비바람 어루만진 땅 꽃은 늘 피고 진다

길고양이

부둣가 길고양이
숫눈 밟고 돌아본다.

된바람 시린 발길
비린내 꽃물 머금고

절반의
오랜 설레임
마름 밤이 추웠다.

너구리 한 가족

- Road kill

무리 진 달맞이꽃 잠 안 자고 번을 설 때
전조등에 휩싸이는 너구리 그 한 가족
아득히 별빛 붙잡고
돌아앉은 그 시간

가랑비 등 뒤에서 스러지듯 젖어오자
보금자리 찾아들다 뱃바닥 드러낸 채
움츠린
풀꽃 베고 누어
붉은 김을 사른다

어둠을 끌어내린 별빛마저 차가운데
어미의 뜨건 가슴 울먹이며 번진 소리
높새는 알고 있으리
피눈물의 까닭을

친구야

1

친구야 무엇 찾아가려는 것이냐
늘 그리 술렁이든 서강대 앞 꿈꾸는 골목
거기엔 무엇이 있나
숨은 맛집과 카페

친구야 너 어디로 향하고 있는 거야
터널을 뚫으려고 서성이던 노량진
거기에 무엇이 있기에
늙은 빌딩과 컵밥

친구야 어디서 어쩌려는 것이냐
들먹이던 추억의 대학로 대명거리
거기는 또 무엇이냐
파티살롱과 민들레

2

친구야 저기 좀 봐
살면서 품고 싶은

낭만의 발자국들 무대 뒤 접어두고
숨 가쁜 삶의 한 자락
웅숭깊이 펴보자

04

성근한 눈빛

그 맛

뜰 안의 앵두가 낯붉혀 떼창 하는 날

땡볕이 폭폭 삶는 어느 주말 한낮 들창문 걷어 올린 대청에서 낮잠에 빠지거나 죽부채 펴들고 풍월을 즐기는 것이 제격이라 할까. 허나 세상사 다 그럴 수가 있던가. 어느 농가의 교복이 멋진 고2생 기말고사를 준비해야 한다 '아뿔사' 앞마당에서 보리타작 하는데 일꾼 하나 유고로 탈곡기 뒤를 봐야 한단다 ~ 후유 ~

발동기 소리에 심장이 빨라지고 한순간 온몸이 땀에 젖어 들어 보리 까시랭이 먼지에 눈코가 막힐 지경이다, 목이 타는 갈증, 잠시도 머뭇거리거나 헛눈팔 겨를마저 없다. 웃통을 벗어 던져 입 앙다물고 걷어 올린 보릿대 더미가 가슴 높이를 잴 무렵 발동기가 헛돌고 쉴참 먹은 시간이다. 얼씨구, 부엌에 뛰어들어 오가리에 빚어놓은 농주 한 사발 들이킬 때, 들이키는 맛! 처음 느낀 감미롭게 감겨드는 맛, 앗싸 젖어드는 그 맛, 아 ~ 그 맛!

먼 기억 추억의 향수 진하게 휘감는다.

메꽃 & 나팔꽃

한마당 울긋불긋 색의 조화 어디 갔나?

안개 낀 어느 아침 마을 앞 신작로 나가는 길 여기저기 잡초와 어울린 달맞이꽃이 환히 반겨주는데 발등 스친 길섶이 왠지 소란스럽다 누구는 지긋이 웃고 아무개는 움츠러들까, 속 울림 펼칠까, 또 누구는 점잖게 멍석 깔고 가부좌로 목청을 가다듬어 열린 귀 안들은 척 입 다물고 …. 듣거나 말거나 여기저기서 들끓는다. 메꽃과 나팔꽃, 나팔꽃과 메꽃을 이른다. 토종과 귀화종, 다년생과 일년생, 단색과 여러 색의 낯빛, 어울리지 못하나? 입소리 휘어지고 속뜻은 구겨진 듯 길거리 뭇 발자국 소리 외면하고 바다의 깊이와 하늘 높은 줄 모른다. 가녀린 소리의 파장은 더 멀리 무늬는 더 깊숙이 새겨진다. 책사의 아부쟁이 요설은 이 방 저 방 품바의 향기로 채워지고 계절이 지나가는 창가에 태양의 고도는 째깍째깍 흐르는 시간 재고 있다.

세상사 언제 어디서나 그날이 그날은 아니다.

같은 것 같은데 다른 것 많고 많다

메꽃은 구황식물 나팔꽃은 독성이 있다
우리네 삼화음 들으며 춤사위 펼쳐보자

타지마할

– 피에트라 듀라(Pietra-dura)

엮음의 퍼즐처럼 사랑의 금자탑은
한살이 환한 봄볕 아득히 살고지고

인생의 유한한 끝자락
부질없는 애끓음

한때의 감미로운 행복을 누리는 맛
다듬고 더듬어도 잡히지 않은 것을

한 사랑 붉게 타는 여운
감싸두려 애썼나

손사래 예약 없는 강 건너 그 언덕에
봄은 늘 오고 가는데 무엇을 어쩌자고

누구나 가질 수 없는 것
왜 그리 바랬나?

탕자의 눈물

나도는 개뱅쟁이 언제 성근한 눈빛 보나

당신이 초상집에 있을 때 잔치집 찾아 서성이고 호롱불 아래서 버선 깁다 졸음에 겨울즘 투전판의 담배 연기에 찌들고 옹솥에 절미를 모으는데 외상으로 적선을 하고 당신의 호미자루가 땀에 젖어들 때 삼거리 주막에서 잔을 비웠습니다. 오일장에 좌판을 벌이고 있을 때 중절모 쓴 한량으로 행세하며 광장으로 통하는 골목에서 수많은 이의 상처도 아랑곳하지 않았습니다.

그래도 세월을 탓하지 않고 돌아서리라는 믿음 하나로 문을 열어 놓은 당신! 헤로인 입에 물고 꿈결의 거울 속에서 손 모아 기도하는 환한 당신 곁에 비쳐진 나의 험한 몰골에 놀라 뜨거운 눈물로 당신의 무릎을 적셔 애운 눈빛 사릅니다.

길 아닌 길 되밟다가 납작 눌려 새삼 눈을 뜹니다.

잠 깨는 여진

그리움 가다듬어 접었다 펼쳐보다
주름진 시간 밟고 훈풍에 잠 못 이룬

체취를 상상만 하다
보듬지를 못했다

가슴 속 울림은 멀어진 포성인 듯
계절로 지나가는 휘어진 삶의 자락

점멸등 깜박 깜박이어
찾는 답이 안 잡힌다

행간에 북서풍은 밤 향기 끌어안고
타들던 잉걸불은 여진처럼 신음 앓은

삭신은 노을에 기대어
영혼의 잠 깨운다

비에 젖어 비껴가는 꽃말

수국의 꽃송이에 이슬비가 내린다.

장마에 자드락비 달구비 잡비며 장대비가 내려야 하는데 부슬비 가랑비 이슬비가 옷깃에 배 피부가 젖어온다, 날씨가 수시로 변하듯 세상의 모든 사물과 행위는 늘 변하고 머물러 있지 않는다는 제행무상諸行無常은 불두화의 꽃말이다. 몇 사람 둘러서서 불두화를 수국이라 이야기하자 소낙비가 내린다. 후덥지근한 무더위에 피부는 멀쩡한데 딱지가 생겼다가 떨어져 나가기를 반복하는 속마음의 아토피가 근질근질하고 주변마저 허수하여 어수선하다 겸허히 힘을 다해 승리의 영광 안겨주자 나팔꽃을 메꽃이라 하고 새롭게 단장해 결속을 다지어 환하게 웃자고 하자 메꽃을 나팔꽃이라 하잖나, 밤사이 울어대는 새가 부엉이라 하다가 날 밝자 돌아서서 올빼미 소리로 읊고, 조팝꽃을 싸리꽃이라 우기고 뭉개어 뭉그댄다. 메꽃은 다년생으로 구황식물인데 나팔꽃은 일년생이며 먹을 수가 없다.

불두화 꽃봉오리에 흙비가 내린다.

한 모금 추기려다

저기 저 은하 마당
별 하나 찾으려는데

낭만은 가물가물
사색하다 잠들었어

나 지금
한 모금 추기려다
사레가 들었다.

삼화음 깃발

깨어서
기도하자
마음의 창
열어놓고

꽃잎의
합창 소리
내뿜는
향기 속에

삼화음
깃발 쳐들어
뚜벅뚜벅
내딛자

참 샘물

– 연인

어쩌다 귀한 찻잔
쨍그랑 조각나도

남은 잔에 가득 채워
번갈아 나눈 재미

소르르 흘러내리듯
솟구치는 참 샘물

그거참

보세요
왜 그래요

아랫목이
윗목보다 차요

'머잖아 구성지게 뒤집힐 것이요'

그거참
어디가 덧났나
웬 사탄의 역사지

신호등

일상의 열린 마당
내뿜는 날숨 마디

정령이 응축된 시간
바위틈의 곰솔 같은

세상의 옳고 그른 것
따지지를 않는다.

골 goal

치열한 공방 속에
온 힘 다해 내달아서

작열하는 햇살 갈라
뭉클하게 안기도록

그물망
훅 출렁이는
못 잊을 그 한 방

개 짖는 소리
- 추억 3

지는 잎 밟는 소리
허기 또
느끼다가

군불 땐 아랫목에
군고구마 내민 손길

호롱불
가물거린 밤
옆집 개 짖는 소리

낚시걸이

꽃병어 철갑상어
꼬리 물어 돌고 도는

갯바위 출렁거림
너울 자락 덮어쓸라

세상사 생게망게하다
태양은 곧 기운다.

얕은 물에 즐기려다
큰 고기에 눈이 팔려

낚시걸이 못 가리고
깊은 골에 빠져들어

허우적 허우적거리다
지푸라기 움켜쥔다.

05

윤슬의 빛

부스러기

백일홍
이운 자리
그 향기 아득한데

벌레 먹은 가랑잎에
별들이 놀다간 밤

가지 끝
휘어진 바람
두고 간
슬픔
하나

푹 삭은 4계절 여백

#

잔설을 다독이는 복수초 따사로움
야옹이 콧수염 씰룩인 휘어진 한나절
십 년 전 혼인한 막내 첫애 낳다는 문자

#

나비들 발레 무대 계곡의 너럭바위
가슴에 자란 능소화 수굿이 꿀 잠드는
고단한 삶 잠시 잊게 한 전봇대 까치 소리

#

금이 간 햇살 품은 능선 마루 은빛 억새
토실토실 잘도 여문 마을 앞 벼 베는 소리
기대어 보듬고 싶은 여유 넘친 한 마당

#

적막감 부추기는 진눈깨비 내린 날
온기로 감싸주는 길가에 돌하르방
저 혼자 웃는 그 얼굴 그래 세상은 환하다.

여인의 조각상

옷자락 거머쥐고 세상과 소통하려
햇살을 끌어안은 고프지 않은 낯빛

그날이 그날이어서
묵언수행 하는가

수 대에 받은 사랑 돌려 줄이 없어도
모두가 넋을 놓고 쳐다보는 윤슬의 빛

길손의 눈빛이 겨워
낮달에 낯 붉히나

가을밤의 색소폰

끊길 듯 사라질 듯
안겨 오는 여원여모如怨如慕

스러진 별
타는 불길
목이 마른 하늘가에

점철된 무거운 풍경
막힌 가슴 뚫린다

먼 기억 비스듬히 단풍잎 떠는 소리
붓끝으로 후빈 가슴 몸통 태워 우는 소리
한 세월 노스탤지어 별똥별이 쌓인다

행간을 넘나드는
안을 향해 출렁이는

닫힌 맘
새겨 읽고

감싸주는 손길 같은

응어리 풀어내는 밤
달빛마저 따습다

뜨거운 열기

못 읽는 상형문자
가뭇없는 파도 소리

안 풀린 고차방정식
밑면의 뜨거운 열기

사무친 사랑의 언어
네 눈 속에 번득인다.

초연初演

고샅길 가물거린
저무는 풍경 속에

별이 붉듯
연민 안고
거기에 설 수 있나

연두잎
타오른 그리움
물안개가
걷힌다.

안남댁

낯선 땅 열린 마당 겉도는 에움길에
가울 산 허기 달래는 억새 꽃잎 흩는 그 날
한 생애
꿰뚫어 보는 다릿돌을 놓고 있다

외진 골, 바람 골목 흙냄새 뭉클한 곳
남루를 떨쳐내고 함지박에 꽃물 들일
여인의 속 깊은 울혈 작은 섬이 흔들린다

일상어 서슴거려 활짝 피지 못하고
마른 날 서녘 끝에 손톱 밑 티눈 같은
저 창밖 고요 가득히 비꽃이 떨어진다

봄을 여는 꽃노을 속 느닷없는 거센 파도
음양각 서린무늬 어쩌지 못할 때도
세상사 오미자의 맛 텃밭에 묻고 산다

엇갈린 배경음악 근린소음 갈아엎고
허기진 가풀막에 물빛 가득 길을 낸다

안남댁

안부 새긴 꽃잎 먼 하늘로 띄운다

맛집의 철학

– 육수 · 재료 · 가격

천일염
신토불이
원조토굴
새우젓 김치

부정과 긍정 사이
잠결에 벌떡
뒤섞고 조려보고

누구나
착한 가격에
돌아서며
짓는 미소

1. 설렁탕 맛집

사골뼈 밤을 새워 골 빠지게 뒤척였다
거기 거 그곳

맛 자리 따로 없다

발 끝에
불 밝혀 달려야
등 붙일 수 있다

2. 막국수 맛집
못 버린 육수의 맛
파랑이 일고 지듯

속살이 고른 불길 별들이 보고 있다

밀물로 들어왔다가
썰물은 또 저문다

3. 온조 순대국 맛집
성근 별 잡아두고
바닥을 밟고선 삶

아내 손 옹이 매듭
가난을 이겨낸 내력

때 되어
존재 근원의 물결이 일었다.

4. 한정식 맛집
푸집한 유기그릇
생기를 풀어내는
촛불이 밝혀내듯 웃음들 꺼내 들고
어느새
허기는 묻히고
낯빛들이 환하다.

5. 퓨전 맛집
침묵 속 끼니 거른
뒤섞여 새 빛내는
꽃피는 접시 주변 열정은 곧 사라져
노마드
토마토의 변화 대륙을 건넌다.

6. 오선모 옛날김밥 *

'독보적인 맛과 개성'
'전국구 맛집'

한세대 바닥을 딛고선 모녀의 부픈 손끝

꽃송이 곱게 떨구는 날
별들이 줄을 섰다.

---

* 50년간 한우물을 판 전주 명물 '오선모옛날김밥' 2023.6.30. 문 닫은 날, 6시간 줄을 섰다고

관계의 쉼표

좋아 즐긴 붉은 사과
입 다시다 뒤로하고

잠시 숨 몰아쉬며
형색을 바꾸었다

나는 널
산처럼 여겨
거스를까 해서다

파란 점 하나

- CCTV

문밖 나서자 낮빛이 바래진다

도시의 높고 낮은 그늘 없는 외진 골목 기우뚱 볼일 보는 사내의 행색이며 인적 뜸한 숲길이나 섬마을 해변이며 그 어떤 곳에도 싸늘한 검은 유령이 손끝에서 튕겨 나온 담배꽁초 하나까지 한 입 한 입 빨아들인다.

네 눈썹 위 파란 점 하나 렌즈 속에 박힐라

침묵의 선

다 함께
외쳐보자
방음벽 둘러놓고

달려가다 뛰어넘을
침묵의 선 그어두고

모두가
팔 치켜들어
비스듬히 기대자

상처

이따금 닳아 오른
번뇌의 얼룩들

창문을 열어젖혀
담아보자 하늘빛 내 맘에

비바람 어루만진 땅
꽃은 늘 피고 진다.

야바위

보아라
벽을 봐라
못 자국 구멍 저쪽
설레꾼 에둘러 싸 서성이는 놀음판
아무리 눈 부릅 떠도
솔가리만
쌓인다.

휘어진 셈법

별건의 아쉬움이
돌아서자 스멀스멀

보나 마나 들으나 마나
가나 마나 만지나 마나

아
이런
휘어진 셈법
끌어안고 지샌 밤

해설

세계를 감각하는 시쓰기와 감각공동체의 가능성

김남규(시인)

우리의 감각은 몸과 마음을 매개하면서 우리가 인간이자 주체임을 가능하게 한다. 물론, 감각/이성 혹은 신체(몸)/정신(마음)으로 이분하는 시대도 있었다. 꽤 오랫동안 특정한 이데올로기가 시대를 지배했던 때는 그랬다. 이제 '생각하는 몸(mindful body)'이라는 단어가 지시하듯이 "몸이 영혼을 가두지 않으면 영혼은 가뭇없이 사라져 버리리라"는 언술처럼 개인의 정체성(주체성) 혹은 인간의 인간-됨은 감각을 통해 형성된다. 특히, 예술을 향유하며 특정 예술 장르에 대한 공통의 감각을 공유하는 '감각 공동체(sensory communities)' 내에서 시인의 감각은 여타 감각보다 특별하다. 물론, 여기서 시인의 감각이 특별하다는 것은 능력이 특별(특출)나다는 것이 아니라, 과정이 특별(특이)하다는 뜻이다. 시인의 감각은 예사의 공간을 특정한 '장소'로 바꾸기도 하고, 미래를 당겨오거나 과거를 복원하기도 한다. "운율을 통해 시간이 압축되고, 비유를 통해 공간이 겹쳐진다"는 김인환 평론가의 정의처럼, 운율과 비유를 사용한다는 것은 곧 시를 쓴다는 말이고, 시를 쓴다는 말은 시간과 공간을 다른 방식으로 감각한다는 말이다.

"세상사/ 비껴 앉으면/ 숨은 별을 볼 수 있다"(「풀내 꽃내」)고 말하는 천강래 시인 역시 다양한 '감각-세계'를 이번 시집에서 보여주고 있는데, 특히 우리가 주목해야 할 부분은 시인의 감각이 궁극적으로 어디를 향하는가이다. 우리가(혹은 시인이) 적을 두고 있는 세상사 혹은 세상사를 관통해가고 있는 우리가(혹은 시인이) '굳이' 세상사에서 비껴 앉아야 할 이유, 그래서 '굳이' 숨은 별을 봐야 할 이유는 과연 무엇일까. "단 숨결 삭이다 쪽잠 든 텅 빈 골방"을 끌어와 "한 사랑 온새미로 허무적멸 길을"(「다솜」) 내는 시인의 감각은, 어떤 과정을 거치는 것인가. 여기서 시인의 감각은 곧 '확장인지이론'처럼 시쓰기 자체가 몸의 확장일 것이다. 마치 세계를 더듬어 길을 찾는 지팡이처럼 말이다. 시쓰기-감각을 통해 세계를 접촉하며 인식하는 시인은 궁극적으로 무엇을 향하는가. 이 글은 시를 분석하거나 비평하기보다는, 작품을 더듬어가며 감각-세계를 그려보고자 한다. 의미는 의미지어진 것이자 이미 시인의 것, 시인이 선취한 것이니, 우리는 시인의 감각을 따라 세계를 살펴보는 일에 집중할 것이다. 잠시나마(혹은 꽤 오랫동안) 우리는 감각공동체로 함께 할 것이니 말이다.

1. 감각 : 정념

천강래 시인의 시집을 따라 읽으며 가장 먼저 발견하게 되는 것은 대상을 향한 정념(pathos)이다. "현이 울리는 마디마디/ 숨겨두고 싶은 그대 음성"(「심금의 소리」)은 내 '심금의 소리'다. 그대를 향한 정념 때문에 그대의 목소리를 붙잡아두었고, 그대의 목소리가 나를 붙잡는다. 그대와 함께하는 공간은 어디든 특별한 '장소'가 된다. 기존에 어떤 공간으로 기능했든 간에 그대와 함께 하는 곳은 무-시간이자 무-장소가 된다. 기존의 무의미한 공간이 둘만의 장소, 둘만의 의미가 충만한 장소로 층위 전환되기 때문이다. 그러나 그대와 머물렀던 장소는 곧 사라진다. 우리는 어디든 간에 공간을 특별한 장소로 만들 힘을 갖고 있으니, 굳이 한 공간에 오래 머물 필요는 없다. 오히려 우리를 위협하는 모든 삶의 요소로부터 우리는 '늘' 도망가야 한다. 우리는 '늘' 쫓긴다. 시간이 그렇게 우리를 '늘' 뒤쫓는다.

> 한살이 끝자락 가랑잎 떠는 소리
> 애끓은 어둠 속에 헤집고 훔쳐보는
>
> 네 체취 가눌 수 없어

별빛이 더 시린 밤

갈바람 가로지른 눈설레 강 언저리
피멍든 산그늘의 혼란스런 뒷모습에

걷던 길 빛바랜 흔적
묵주기도 하는 밤

구름 속 머무는 달 울먹일 일 있었나
미움도 그리움도 뿌옇게 시들 무렵

저 창밖 밝은 별 하나
잠들 혼을 깨운다

-「별빛 시린 밤」 전문

"사무친 사랑의 언어/ 네 눈 속에 번득인다"(「뜨거운 열기」)고 할 때, 정확히 말하면 사랑은, 너를 향해 반짝이는 내 눈동자가 네 눈동자에 맺힌 것을 보는 일일 것이다. 별빛 시린 밤도 마찬가지. 별빛을 보는 것이 아니라, 내가 보고 있는 '별빛 시린 밤'이 다시 내게 보이는 것이다. 그 밤은 "애긇은 어둠 속에 헤집고 훔쳐"봐야 하며, "한살이 끝자락 가랑잎 떠는 소리"가 들린다. "네 체취" 때문이다. 슬픔이 쌓이고 쌓여서, "갈바람 가로지른 눈설레 강 언저리" "산그늘의 혼란스런 뒷모습"에 피멍이 든다. 그곳을 우리가 함께 걸었'었'는데 말이다. 이제는 빛바랬다. 그래서 시적 주체는 묵주기도를 한다. "구름 속 머무는 달"이 울먹이지 않듯, 미움도 그리움도 그렇게 열어지고 시드는 것이다. 그러나 여전히 너는 부재로서 현존한다. 그리하여 "저 창밖 밝은 별 하나"가 주체 눈앞에 떠 있다. 나는 잠들지 못한다. 나의 혼은 그렇게 깨어 있다. 나의 혼이 잠들지 못하고 별빛을 바라보는 시간, 이 시간과 장소는 오로지 우리 둘만의 시간, 우리 둘만의 장소다. 그러나 별빛 시린 밤도 곧 낮으로 바뀔 것이고 네 체취는 조금씩 흩어져 사라질 것이다. 그러나 별빛 시린 밤이라는 지금-여기는 잠깐이나마 '찰나에' 존재한다. 마치 시처럼, 진리처럼 말이다.

귓바퀴 간질이는
실바람에 감기어서

철새가 날아드는
낯선 곳 찾아가다

동백꽃
봉오리 터진 날

우리 둘의

첫 만남

-「그 눈빛」 전문

그래서 나는, 그대를 찾아간다. 그대가 나를 찾았는지도 모른다. 선후가 어찌 되었든 간에 나는 "귓바퀴 간질이는/ 실바람에 감기어서" 그대를 찾아간다. 그대가 실바람을 보냈는지도 모른다. 그대가 철새를 보냈는지도 모른다. 그곳에서 우리 둘은 '첫 만남'을 수행한다(했다). 때마침 "동백꽃/ 봉오리 터진 날"이었으니, 그 순간 '그 눈빛'은 마치 박제된 것처럼 멈춰있다. 그 시각, 그곳은 우리 둘만 있는 곳이다. 동백꽃 봉오리 터진 것처럼 환한 그때, 그 반짝이고 환한 눈빛은 내 것인가, 그대의 것인가. 우리 모두의 것인가.

부르고 불러봐도
멀어진 발길인가

앞산 뒷산 송림 사이
주고받은 메아리

품앗이, 품앗이하다
훌쩍 떠난 네 흔적

-「잠든 메아리」 전문

너는 없다. "부르고 불러봐도" 너와는 "멀어진 발길"이다. 얼마나 먼 곳에 네가 있을지 알 수 없으나, 그럼에도 불구하고 너를 불러본다. 내 목소리는 "앞산 뒷산 송림 사이"를 돌고 돌아갈 것이며, 메아리로 다시 돌아올 것이다. 그렇게 나는 너를 부르고, 너는 메아리로 응답한다. 마치 품앗이처럼, 메아리가 내 부름을 도와준다. "훌쩍 떠난 네 흔적"은 비어 있으나, 비어 있기 때문에 메아리가 가능하다. 물론 메아리는 잠들 것이다. 나도 잠들 것이다. 그러나 언제든 메아리는 가능하다. 네가 부재한 빈자리가 있기 때문이다. 그렇게 시적 주체는 메아리로, 메아리가 가능한 빈자리로 너의 존재(있음)를 인식한다. '없음'으로 '있음'을 기억하는 일, 그것을 우리는 종종, 애도(슬플 哀, 슬퍼할 悼)라고 부른다.

2. 감각 : 신

세계의 '밖'이란 존재하지 않는다. 더 정확히 말하면, 세계의 밖이 있는지 없는지 우리는 알지 못한다. 우리가 세계 안에 있기 때문이다. 그러나 세계 전체 혹은 세계의 사물들과 다른 방식으로 현존하는 존재자가 있다. 이것이 바로 종교에서 말하는 신(神)이다. 그런데 일반적인 신은 스스로 있는 자이면서 스스로의 모습을 드러내지 않는다. 물론 오래전에 신의 현존을 널리 알려야 할 때에 신은 인간과 함께 했다. 구약의 야훼, 신약의 예수가 그러했고 룸비니의 석가모니가 그러했다. 현대에 들어 신은 자취를 감췄다. 이제 신은 다른 인물 혹은 비물질로 현현(Epiphany)할 뿐이다. 이 가운데 천강래 시인은 신의 현현을 감각한다. 물론 이때의 모습과 형상이 신인지는 확실치 않지만, 신은 믿음의 영역인지라 그렇게 믿으면 신의 현현이리라.

자전의 난간이나 복판에 서 있거나
공전의 선상에서 흔들리지 않은 것은
폭풍우
가슴에 품는
피난처가 있어서다.

버팀목 하나 없는 허리 꺾인 계단 밟고
고요 속 벼랑길 창검에 휘둘려도
내 자유
언제나 누릴
요새가 있어서다.

넘어지는 담과 흔들리는 울타리
지킬 것 사라질 것 뒤엉켜 공존해도
내 영혼
구원의 손 내밀
반석이 있어서다.

-「공간 3」 전문

신앙고백으로 읽어도 아깝지 않을 「공간 3」에서는 시적 주체와 신과의 일대일 인격적 만남이 이뤄지고 있다. 둘만의 내밀한 만남이 이뤄지는 공간(장소)에서 주체는 "폭풍우/ 가슴에 품는/ 피난처"가 있으므로 "자전의 난간이나 복판에 서 있거나/ 공전의 선상에서"도 흔들리지 않는다. "내 자유/ 언제나 누릴/ 요새"가 있으므로 "버팀목 하나 없는 허리 꺾인 계단 밟고/ 고요 속 벼랑길 창검에 휘둘려도" 버틸 수 있다. 이윽고 "내 영혼/ 구원의 손 내밀/ 반석"이 있으므로, "넘어지는 담과 흔들리는 울타리/ 지킬 것 사라질 것 뒤엉켜 공존"해도 주체는 신과 함께 살아-갈 것이다. "방언은 무성한데 들리는 소리 없고/ 길 잃은 무딘 시간 하늘 무게 잴 수 있나"(「나팔꽃 더듬이」)는 언술처럼 주체는 (주체 곁에 있는) 신을 관념이 아닌 직접적으로 감각하고 있다.

나도는 개뱅쟁이 언제 성근한 눈빛 보나

당신이 초상집에 있을 때 잔치집 찾아 서성이고 호롱불 아래서 버선 깁다 졸음에 겨울즘 투전판의 담배 연기에 찌들고 옹솥에 절미를 모으는데 외상으로 적선을 하고 당신의 호미자루가 땀에 젖어들 때 삼거리 주막에서 잔을 비웠습니다. 오일장에 좌판을 벌이고 있을 때 중절모 쓴 한량으로 행세하며 광장으로 통하는 골목에서 수많은 이의 상처도 아랑곳하지 않았습니다.

그래도 세월을 탓하지 않고 돌아서리라는 믿음 하나로 문을 열어 놓은 당신! 헤로인 입에 물고 꿈결의 거울 속에서 손 모아 기도하는 환한 당신 곁에 비쳐진 나의 험한 몰골에 놀라 뜨거운 눈물로 당신의 무릎을 적셔 애운 눈빛 사릅니다.

길 아닌 길 되밟다가 납작 눌려 새삼 눈을 뜹니다.

-「탕자의 눈물」 전문

"인생의 유한한 끝자락/ 부질없는 애끓음 // 한때의 감미로운 행복을 누리는 맛/ 다듬고 더듬어도 잡히지 않은 것을"(「타지마할」) 알게 되었다면, '이미' 많은 삶을 살았을 것이다. 탕자 역시 마찬가지. 가진 것을 다 잃었을 때야 다시 예전을, 자기 처참한 몰골을, 집을 생각하게 된다. "돌아서리라는 믿음 하나로 문을 열어 놓은 당신"이 있음을 그제야 알게 된다. 그때 보이는 "애운 눈빛". 나의 눈빛인지 당신의 눈빛인지 알 수 없으나, 중장에서 서술했듯이 당신을 본 주체는 새삼 눈을 뜰 수 있었다. 당신을 보았다!

깨어서
기도하자
마음의 창
열어놓고

꽃잎의

합창 소리
내뿜는
향기 속에

삼화음
깃발 쳐들어
뚜벅뚜벅
내딛자

-「삼화음 깃발」 전문

"깨우라 새벽을 깨우는 종소리가 울린다"(「무인도 서정」). 그렇다. 깨어 있어야 한다. 신은 다시 오실 것이나, 언제 오실지 모르며 어떻게 오실지 알 수 없다. 시적 주체는 그렇게 신을 삼화음(triad, 三和音)으로 노래한다. 주체가 낼 수 있는 최선의 목소리로. 주체는 신을 위해 특별한 곡조에 특별한 가사를 붙여 주체의 목소리를 직접 실현해 낸다. 내 성대의 떨림과 호흡을 스스로 느끼며, 신에게 내 성대의 떨림과 호흡과 목소리를 보낸다. 그럼으로써 주체는 신을 믿고 있다고 믿게 되는 것이다. 그런 주체를 우리는 '신자(信者)'이라고 부른다.

3. 감각 : 정의

천강래 시인의 시집을 읽으면서 우리는 슬픈 세계를 또한 본다. 각자의 삶을 충분히 사는 것 혹은 각자에게 주어진 몫이 온전히 돌아가는 것을 '정의(正義, Justice)'라고 부를 수 있다면, 시인은 정의롭지 못한 세계를 시쓰기로 감각해낸다. 물론 이때의 정의는 두 가지로 나눠볼 수 있을 것이다. 첫째는 평등함이고 둘째는 특이성이다. 특별한 상황이 아니라면 모든 사람은 차별받지 않아야 하며, 동시에 각 사람은 특별한 방해 없이 각자의 고유성에 따라 특이성(singularity)을 충분히 발휘할 수 있어야 한다.

세 발 수레 폐지 더미
노파의 가쁜 숨결
찌개 냄새 담을 넘어 허기를 부추기고
나비는 바다 가운데
돛배처럼 떠 있다

철떡거린 기계음 소리
사장님 저 먼 눈빛
섶다리 왔던 길 되짚어갈 수 없는데
벼랑 끝 노을 능선에
찬바람이 턱을 괸다

뱃고동 출렁이던
포구의 활어 횟집
마른 비린내를 갈매기가 물고 날고
회칼은 녹물 머금고
널브러져 잠 청한다

-「숨, 세 마디-코로나19」 전문

"우리가 공동체를 따라서 주어지고 내버려진다. 이는 새롭게 되풀이해야 할 선물이며, 공동의 것으로 분유해야 할 선물이지, 해야할 과제가 아니다. 이는 하나의 임무"라는 언술처럼, 최근 '코로나-시국'을 지나오면서 고통받는 타자들이 우리 주변에 많아졌고, 이에 응답해야 할 우리의 임무 또한 촉발되었다. 모두가 희생당하고 고통받았지만, 시적 주체는 특별히 "세 발 수레 폐지 더미/ 노파의 가쁜 숨결", "철떡거린 기계음 소리/ 사장님 저 먼 눈빛", "뱃고동 출렁이던/ 포구의 활어 횟집" 등의 '세 마디 숨'을 듣는다. 주체는 이들의 숨소리로 이들의 고통을 감각하고, 이들의 숨소리로 이 세계를 감각한다. 그리고 이 숨소리를 시쓰기로 다시 감각한다. 숨소리의 물질화를 감행한 것이다.

일상어 서슴거려 활짝 피지 못하고
마른 날 서녘 끝에 손톱 밑 티눈 같은
저 창밖 고요 가득히 비꽃이 떨어진다

봄을 여는 꽃노을 속 느닷없는 거센 파도
음양각 서린무늬 어쩌지 못할 때도
세상사 오미자의 맛 텃밭에 묻고 산다

엇갈린 배경음악 근린소음 갈아엎고
허기진 가풀막에 물빛 가득 길을 낸다
안남댁
안부 새긴 꽃잎 먼 하늘로 띄운다

- 「안남댁」 부분

시인은 혹은 시적 주체는 베트남 국적의 결혼이주여성인 '안남댁'을 본다. 안남댁은 "일상어 서슴거려 활짝 피지 못하고" "손톱 밑 티눈" 같아 보인다. 우리 공동체 안에서 '티눈'처럼 보이는 타자 안남댁은 마치 창밖에 떨어지는 '비꽃'과 같아서 안타깝지만, 어쨌든 '창밖'의 일이다. 안남댁은 "봄을 여는 꽃노을 속 느닷없는 거센 파도"와 "음양각 서린무늬 어쩌지 못할 때"에도 그저 "세상사 오미자 맛 텃밭에 묻고" 산다. 그러나 주체가 생각하기에, 안남댁의 고향과 지금 안남댁이 있는 곳의 "배경음악 근린소음"은 매우 다를 것이다. 말도 흥얼거림도 이런저런 소음도 꽤 오랫동안 낯설었으니, 오래 들어왔던 소음이 무척 그리울 것이다. '그저' "안부 새긴 꽃잎 먼 하늘"로 띄울 뿐이다. 우리는 추측해본다. 안남댁은

남몰래 혹은 무심결에 고향 말을 중얼거리며 고향을 떠올렸을 것이라고.

부르는 손짓이나
신호음이 있었던가
한번 쯤 찾고 싶어 덩달아 스친 골목
뭇별이 달빛을 쪼고 층적운이 가린 하늘

가진 것 많은데 굶주림이 모자라서
내 지닌 보석 잊고 허상에 덮씌워서
휩싸여 위로받고자
밟히도록 붐비었나?

민물에 노는 고기
공중 나는 새를 보라
바람에 흔들리는 수양버들 만져보며
햇살의 초록 외침을 새겨보자 속 깊이

-「거기엔」 부분

2022년 10월 29일, 159명의 꽃다운 청춘들이 서울 이태원 길바닥에서 산화(散花)되었다. 정치적인 공방은 뒤로 하고, 그저 애통하고 분통 터질 뿐이다. 아이들을 지켜주지 못한 어른으로서 참담하다. 이들은 아직도 절차적, 상징적인 죽음에 이르지 못한 채, 추모의 시간만 늘리고 있다. 시인 역시 이들의 희생으로부터 자유롭지 못하다. 아니, 이들을 기억해야 할 임무를 떠맡았다. 시적 주체는 "뭇별이 달빛을 쪼고 층적운이 가린 하늘" 아래 '그 골목'에 간다. 각자 "지닌 보석"이 있는데, 그들은 그 보석을 빛내지도 못하고 그렇게 사라졌다. 주체는 성경 구절 하나 떠올린다. "민물에 노는 고기/ 공중 나는 새를 보라". 세계를 주관하시는 신이, 우리를 사랑하는 신이, 너희들의 영혼을 돌보리라. 그렇게 시인의 감각은 세계의 고통에 열려 있고 세계의 고통을 보고 들으며 세계의 고통을 만지고 있다. 시인은 (정의롭지 못해 생긴) 고통으로 세계를 인식하고 있는 것인지도 모른다.

4. 감각 : 아름다움

우리는 천강래 시집을 따라 읽어가며 시인이 정념, 신, 정의를 감각하는 방식으로 시쓰기를 하고 있음을 확인할 수 있다. 그렇다면 정념, 신, 정의를 지나 감각-세계는 결국 어디로 향하는가. 이 질문이 곧 이 글의 질문이자 시인이 앞으로도 계속 스스로 묻고 답해야 할 질문일 것이다. 그러나 앞서 살펴본 정념, 신, 정의는 결국 하나의 문제로 귀결된다는 것을 다들 눈치챘을 것이다. 바로 '아름다움(美)'이다. 물론 이때의 아름다움은 구체적인 아름다움도 아니고 특정한 이름의 아름다움도 아니다. 취향을 존중받는 상대적인 아름다움도 아니며 보편성을 획득한 절대적인 아름다움도 아니다. “아름다움은 진실의 섬광”이라고 했던 플로티누스의 말처럼 결국 진실은, 진실로 존재하는 것은 반짝이고 빛이 난다. 그렇게 반짝이는 것이 바로 아름다움인 것이다.

개나리 잔잎 만지는 소녀가 웃는다

한 번도 듣지 못한
설부른 경쾌한 허밍

잔물결 이는 앞바다에 부표처럼 떠 있다

거꾸로 치켜들고 붉은 살 핥아대는
역설로 엮어져서 현실과 멀어질 때
어제의 더부살이에 무지개가 보인다

긴 그림자 밟고선 소년은 눈 크게 뜨고

물목에 그물치고
변곡점 찾아 나섰다가

거세진 난바다를 향한 뱃고동의 손짓이다

- 「변절기의 허밍」 전문

진실을 보거나 진실을 만나는 일은 대게 우연에 따른다. 더욱이 진실은 늘 사후적인 것이자 늘 다시 도래하는 것이니, 진실과 만났는지의 여부도 판단하기 어렵다. 다만 일상의 당연한 것을 보고 당연하지 않음을 고민하는 것, 당연한 것에 질문을 (끊임없이) 던지는 일은 진실의 솔기(seam) 정도는 잡는 일이 될 것이다. 더욱이 시를 쓸 때 시인은 무슨 말을 하려는지 자신도 알지 못하며 시가 또 어떻게 끝날지도 전혀 알 수 없다. 그 가운데 빛나는 것, 그 가운데 잠깐 출몰했다 사라지는 것이 시인을 행복 혹은 절망에 빠뜨릴 것이다. 시적 주체는 "개나리 잔잎 만지는 소녀가 웃는" 것을 본다. "한 번도 듣지 못한/ 설부른 경쾌한 허밍"을 듣는다. 그러나 그것은 오래전의 일. "거꾸로 치켜들고 붉은 살 핥아대는/ 역설로 엮어져서 현실과 멀어"지는, "어제의 더부살이에 무지개가 보인다"라고 말하는 부정적 현실에 주체가 서 있다. 그때의 "긴 그림자 밟고선 소년"은 "물목에 그물치고/ 변곡점 찾아 나섰다가" 결국, 주체는 "거세진 난바다 향한 뱃고동"을 들으며 돌아오지만, 이미 오랜 시간이 지난 후다. 그때의 '허밍'은 무엇이었을까. 그때의 허밍은 주체에게 어떤 의미였을까. 뱃고동에서 허밍을 당겨왔다. 아니, 뱃고동이 허밍으로 오버랩되었다.

해무늬

언덕배기

아지랑이 스멀스멀

신산의 바람 스친
삶의 골 골을 따라

짯짯이
눈 익은 들머리
우체부가 달려온다.

-「봄빛」 전문

시인은 "너울 속 불쑥 내민 손 햇살 무늬 한 가닥"에서 "너와 나 닿지 못할 궤적을 돌고 돌아" "바닷속 좋아 그리던 친구"(「햇살 무늬」)를 찾기도 한다. '햇살 무늬'에 우연히 친구를 떠올리게 되는 '비자발적 기억'과 만나기도 한다. 그렇게 우리는 반짝이다 곧 사라지는 햇살 무늬의 기억을, 진실 혹은 진리를 만난다. 늘 보던, 매년 보던 언덕배기에서 '어느 날' 시적 주체는, "신산의 바람 스친/ 삶의 골 골을 따라" "아지랑이 스멀스멀" 올라오는 것을 목격한다. 그리고 뒤이어 "짯짯이/ 눈 익은 들머리/ 우체부가 달려"오는 것을 본다. 우체부로 환기되는 새로운 소식, 새로운 사건을 기다리는 주체. "새로운 진리는 모든 것이 다르게 나타나도록 한다. 진리의 생기는 무엇이 실제로 있는가 하는 문제를 새롭게 정의한다. 그것은 다른 있음을 산출한다. 작품은 진리의 생기를 수용하고 체현하는 장소"라는 언술처럼 주체는 새로운 사건의 가능성을, 다른 있음의 가능성을 감각-시쓰기로 구현해낸다.

행간을 넘나드는
안을 향해 출렁이는

닫힌 맘
새겨 읽고
감싸주는 손길 같은

응어리 풀어내는 밤
달빛마저 따습다

- 「가을밤의 색소폰」 부분

백일홍
이운 자리
그 향기 아득한데

벌레 먹은 가랑잎에
별들이 놀다간 밤

가지 끝

휘어진 바람

두고 간

슬픔

하나

-「부스러기」 전문

"인간이 진리를 언어로 완전히 표현할 능력이 없다는 것, 그것은 인간 본질의 일부이다. 진리로는 완전히 채워지지 않은 말의 공간을 인간은 슬픔으로 가득 채운다."는 피카르트의 언술처럼 우리 인간은 진리 혹은 진실을 언어로 완전히 표현할 능력이 없다. 그래서 슬프다. 그래서 시는 슬픔으로 가득 차 있다. "행간을 넘나드는/ 안을 향해 출렁이는" 것, "닫힌 맘/ 새겨 읽고/ 감싸주는 손길 같은" 것, "응어리 풀어내는" 것. 그 모든 것은 슬픔일 것이다. 그리고 그 슬픔은 달빛처럼 따뜻하다. 상실의 슬픔이 아니라, 상현달과 같이 충만을 향하는 슬픔이기 때문이다. 그래서 그 자리는 "백일홍/ 이운 자리"처럼 향기가 가득하되 아득하다. "벌레 먹은 가랑잎에/ 별들이 놀다"가도 좋은 밤이니, "휘어진 바람/ 두고 간/ 슬픔/ 하나"가 가지 끝에 걸려 있다. 곧 새벽이 되면 슬픔은 사라질 것이다. 그리고 또 밤이 되면 슬픔 하나가 가지 끝에 걸릴 것이다. 그렇게 진실은 잠깐이나마 가지 끝에 머물다 사라질 것이다. 매일 반복될 것이다. 우리 삶이 그렇다.

이번 시집에서 천강래 시인은 시쓰기를 통해 세계를 감각해내고, 정념과 신 그리고 정의를 감각하고 있다. 사물의 재현, 있음의 현존 문제가 아니라, 정념의 자리를 만지고 신에게 직접 목소리를 내며 정의롭지 못한 세계의 소리를 보고 듣는다. 결국 이 모든 과정은 아름다움을 향한 지난한 여정이었음을, 우리는 종국에 알게 된다. 시인은 반짝이는 진실, 잠깐 보였다 사라지는 진리를 받아적기 위해 그렇게 시를 써왔고 앞으로도 쓸 것이나, 이로 인해 시인은 종종 슬픔에 잠길 것이다. 충만하게 말이다. 그리고 그 충만한 슬픔은 새로운 사건의 가능성이자 힘이 될 것이다. 이같이 아름다움을 위해 슬픔을 기꺼이 감수하는 자를 우리는 시인이라 부른다.